AF254084

LE
PRINCE IMPERIAL
DE FRANCE
ET
LA PRUSSE.

THE PRINCE IMPERIAL
OF FRANCE
AND
PRUSSIA.

> O mon fils ! jure sur ces armes, sur ces vic-
> times, jure d'être toujours l'ennemi du peuple
> romain.
>
> *(Paroles d'Amilcar à son jeune fils Annibal.)*

LONDRES :
BAILLIÈRE, TINDALL AND COX,
KING WILLIAM STREET, STRAND.

1871.

Il y a quelques mois à peine, un homme, que nous ne voulons ni glorifier, ni maudire, et que l'histoire jugera, portait au front une couronne, à la fois pesante et radieuse, la couronne de Charlemagne, de saint Louis, de François Ier, de Louis XIV et de Napoléon !

Courtisans empressés de sa fortune, tous les rois de l'Europe avaient accueilli avec une grâce presque obséquieuse l'illustre *parvenu*, comprenant enfin que l'héritier du nom le plus retentissant et le plus glorieux des temps modernes pouvait bien marcher de pair avec les représentants des vieilles monarchies ; et dans cette fête splendide où furent conviés tous les peuples de la terre, dans ce palais de l'industrie ouvert à toutes les merveilles de l'intelligence humaine, ils étaient venus tour à tour rendre un solennel hommage à sa puissance, et en quelque sorte consacrer son avénement.

Sa parole était entendue et respectée dans le conseil des souverains. Ses armées avaient vaincu la Russie à Sébastopol, l'Autriche à Solférino. La Prusse, s'il ne l'eût pas permis, n'aurait pas livré la bataille de Sadowa.

Il gouvernait une nation, forte par le nombre et la valeur de ses soldats, riche par son commerce et la fécondité d'un sol privilégié, mère de la science et des arts, apôtre de la civilisation et reine du monde par ses philosophes, ses orateurs, ses historiens et ses poètes.

Aujourd'hui, cet homme est dans l'exil ; et la nation, découronnée, meurtrie, éperdue, roule dans les sombres profondeurs de l'abîme.

II.

Pour que l'Empereur Napoléon III ait pu tomber de si haut, et la France descendre si bas, que s'est-il passé ?...

D'autres raconteront cette guerre horrible et ces

événements lamentables. Ils diront les fautes et les revers, l'héroïsme et les défaillances, les capitulations honteuses et les résistances désespérées, l'immense désastre de Sedan, la reddition de Metz, le siége de Paris, la déroute des armées de la Loire, tout un peuple de soldats, des drapeaux par centaines, et des milliers de canons tombant aux mains de l'ennemi.

Dans ce drame lugubre, où se rencontrent tous les dévouements et toutes les lâchetés, combien de scènes émouvantes, combien de personnages sublimes ou grotesques ! Trochu et ses combinaisons mystérieuses, qui devaient briser le cercle d'investissement et qui aboutissent à la capitulation de Paris ! Jules Favre, jurant d'abord de mourir plutôt que de livrer *un pouce de territoire*, qui va pleurant ensuite dans les antichambres de Ferrières, et qui abandonne l'Alsace et la Lorraine ! Gambetta et sa triste dictature ! Faidherbe gagnant trois batailles avec une poignée de volontaires ! La mort de Douay, le désespoir de Bourbaki ! Péronne ouvrant ses portes au premier coup de canon, tandis que Belfort et Bitche tiennent jusqu'à la dernière heure le drapeau de la France, au milieu des obus et des bombes incendiaires !...

Après l'historien viendra l'annaliste. Celui-là

sera l'accusateur et le juge. Sa froide et sinistre nomenclature plongera l'Europe dans l'horreur. Car le Germain du dix-neuvième siècle, impitoyable et féroce, est bien le fils du Cimbre et du Teuton, qui tomba sous l'épée terrible de Marius. Et sur ces tablettes vengeresses, on pourra suivre de l'œil, jour pour jour, heure pour heure, ces hordes de pillards et d'incendiaires, toucher du doigt les ruines amoncelées, dénombrer les femmes, les jeunes filles, les enfants livrés à la brutalité du soldat, les vieillards fusillés sur les places publiques, les citoyens inoffensifs jetés en ôtage dans les prisons de l'Allemagne, les meurtres et les dévastations.

Alors un cri d'indignation sortira de toutes les poitrines, et le mépris des peuples suivra sur leur char de triomphe ces vainqueurs déshonorés.

III.

Mais qu'est-ce donc que ce passé d'hier, tout désastreux qu'il soit, à côté de l'heure présente pleine d'épouvante et de troubles, auprès de cet avenir obscur, lugubre, plongé dans un nuage impénètrable, que l'éclair peut-être sillonnera bientôt, et qui déjà, par de lointaines répercussions, laisse arriver à nos oreilles les sourds grondements du tonnerre ?

Nous interrogeons, siècle par siècle, page par page, l'histoire des temps anciens, notre histoire à nous. Nous voyons partout des invasions, des conquêtes, des guerres civiles, des armées victorieuses et des nations subjuguées, des citoyens se ruant les uns sur les autres ; mais nous ne trouvons nulle part toutes ces calamités réunies. Dieu réservait à la France cette effroyable destinée.

Tout ce qui prend vie doit mourir. C'est la loi commune. Pour les nations, comme pour les hommes, l'histoire est une série d'élévations et de catastrophes.

Et si l'idée traverse les âges, comme cette lampe que les coureurs antiques se transmettaient de main en main dans les ténèbres de la nuit, si elle survit à la chûte des empires, parce que la pensée est immortelle, arrive toujours l'heure fatale où, après avoir brillé sur le monde, elle ne jette plus qu'une faible et tremblante lueur.

IV.

Il y eut un jour où la Grèce fut pour ainsi dire la seule nation du monde. Jamais civilisation ne se manifesta dans un épanouissement plus splendide et plus pur.

Elle eut des hommes d'Etat, des généraux, des poètes, des historiens, des philosophes, des artistes, des orateurs, les plus grands, et encore les plus illustres du monde. Elle eut des armées invincibles.

Rien ne manque à la gloire de ce petit peuple.

Il a refoulé la première invasion du monde barbare.

C'est pour lui qu'Homère écrivait l'*Iliade*, que Phidias taillait le marbre de Paros, que Démosthènes prononçait ses harangues immortelles. Tandis que Sparte obéissait à ses législateurs et donnait le premier exemple de l'austérité républicaine, Athènes, capricieuse et frivole, à la fois insouciante et passionnée, prompte aux enthousiasmes irréfléchis et aux abandons immérités, se complaisait aux stériles agitations de la place publique, applaudissait aux comédies d'Aristophane raillant les hommes et les Dieux, couronnait de fleurs le vainqueur des jeux olympiques. Mais, en elle, vivait la flamme divine. Si elle regardait passer en riant le tonneau de Diogène, si elle frappait d'ostracisme Miltiade et Thémistocle, si elle versait le poison dans la coupe de Socrate, elle assistait avec recueillement aux graves entretiens de Platon. Lorsque son grand orateur lui dévoilait les machinations perfides de Philippe de Macédoine, elle était là, attentive, anxieuse, frémissante. Ses enfants, quand sonnait l'heure du péril, savaient combattre et mourir pour la patrie.

Lorsque la Grèce eut atteint, dans les combats et dans les lettres, l'apogée de la puissance et de la gloire, quand elle eut épuisé toute la sève de son intelligence et de son génie, vint la décadence, puis la mort.

Alexandre-le-Grand la domine par les séductions de son génie, par la supériorité de ses armes. Il lui ravit son individualité nationale, et l'entraîne à la conquête de l'Asie. Rome l'absorbe plus tard dans son immense empire. Enfin, elle tombe et meurt sous le cimeterre d'un soldat musulman.

V.

Rome eut la destinée de la Grèce, bien qu'elle joue un plus grand rôle dans l'histoire de l'humanité.

Son origine est plus humble et plus obscure. Elle naquit de la réunion fortuite de quelques colons ignorés ou de quelques aventuriers sans famille. Comme le gland qui, dans sa fragile enveloppe, renferme l'arbre aux racines puissantes et aux innombrables rameaux, de quelques cabanes de laboureurs sortit cette vaste agglomération de peuples et de races qui s'appela l'Empire romain.

Rome subjugue d'abord les villes voisines, et se les

assimile. Les vaincus seront pour elle des soldats et des citoyens. Elle marche avec eux à la conquête de l'Italie. L'Italie, soumise et devenue romaine, va déborder sur le monde. Rien ne l'arrête. Elle traverse les mers, arrive aux colonnes d'Hercule, pénètre dans les forêts profondes de la Germanie. Les successeurs d'Alexandre, Ptolémée d'Egypte, Antiochus de Syrie, Philippe de Macédoine deviennent ses vassaux et ses tributaires. L'Europe, l'Afrique, l'Asie tremblent sous la main d'un proconsul, ce ne sont plus que des provinces de l'Empire.

Lorsque ce rêve de domination universelle fut réalisé, après huit siècles de combats, un homme, César, apparut au sommet de l'édifice comme la représentation vivante de cette force.

Après lui commence le déclin. Il fallut à Rome plus d'un siècle pour mourir. Elle inspirait tant de terreur et de respect que le Hun d'Attila n'osait franchir le seuil de la cité souveraine. Le monde vit les prétoriens mettre à l'encan la pourpre impériale. Il subit les empereurs de la décadence, maîtres féroces ou dégénérés. Un jour pourtant, des lointaines régions du Nord descendit un flot de barbares, qui submergea l'Occident, et d'autres barbares battirent en brèche les remparts de Constantinople. L'Empire romain n'existait plus.

VI.

AINSI périt la Grèce, ce miracle de civilisation, ainsi périt Rome, ce phénomène de puissance, glissant l'une et l'autre sur cette pente fatale qui conduit à la mort les nations et les hommes à travers les périodes de l'enfance, de l'âge mûr et de la vieillesse.

Mais, ni la Grèce ni Rome ne se sont avilies par le suicide. Elles ne se sont pas livrées, comme jadis les gladiateurs dans le cirque, aux risées féroces de l'ennemi. Elles n'ont pas donné à l'univers indigné le spectacle honteux de citoyens qui s'entretuent sur les ruines encore fumantes de la patrie.

Athènes et Sparte furent rivales. Elles se livrèrent des batailles sanglantes pour la suprématie de la Grèce. Mais lorsque se mirent en marche les armées de Xerxès, Léonidas les attendit avec ses trois cents Spartiates au défilé des Thermopyles ; et Athènes monta sur ses vaisseaux avec Thémistocle, prête à combattre, prête à mourir.

Il y eut des guerres de ville à ville, des dissensions intérieures, les désordres de la place publique, des injustices populaires, l'ostracisme tombait sur des têtes illustres. Mais toutes les passions faisaient silence et toutes les forces se réunissaient en faisceau pour faire front à l'envahisseur.

L'histoire de Rome est pleine de ces agitations, de luttes, de haines violentes, de révolutions. La loi agraire, les plébéiens contre les patriciens, la tribune aux harangues jetant aux multitudes du forum la parole enflammée des tribuns, les Gracques tombant sous le fer, les décemvirs usurpant le pouvoir, les proscriptions de Marius et de Sylla. Mais lorsque les soldats de Brennus entraient au Capitole, lorsque le grand Annibal, après avoir couché, sur le champ de bataille de Cannes, la dernière armée de Rome, venait camper aux portes de la ville, le peuple ne se retirait pas sur le Mont-Aventin, et tous, tribuns et consuls, plébéiens et patriciens obéissaient à la parole du dictateur.

C'est que là aussi, toutes ambitions, tous les antagonismes, toutes les colères trouvaient dans les âmes un sentiment plus haut, le péril, la grandeur, le salut, l'amour de la patrie.

VII.

Ce que le monde ancien n'a pas vu, ce que le monde moderne ne soupçonnait pas encore : la guerre civile le lendemain de la défaite et sous les yeux de l'ennemi triomphant ! la France en donne le spectacle hideux à tout les peuples de la terre. Pauvre grande nation, qui a prodigué son or et versé son sang pour toutes les nobles causes, qui a semé l'idée dans les deux hémis-phéres comme le blé dans le sillon, pourquoi faut-il qu'elle jette sur son passé cette tache ineffaçable et qu'elle déshonore sa défaite ?...

Oui, la France a été vaincue; oui, ses provinces sont aux mains de l'ennemi; oui, le Germain tient garnison dans ses villes ; oui, son trésor est vide; oui, la ruine est partout, et la faim, et le désespoir; oui, deux cent mille Prussiens sont aux portes de sa capitale, et ont

tourné contre elle la gueule de leurs canons; oui, sur
sur un ordre de M. de Bismarck, sur un mot, sur un
signe, Paris peut être incendié, détruit de fond en com-
ble; et c'est au milieu de ces désastres et en présence de
ces menaces, que Paris arbore le drapeau rouge, se
hérisse de barricades, et marche contre l'armée de la
nation, triste armée qui, hier encore, emplissait les prisons de l'Allemagne !.... Mais si on ne voyait de ses
yeux une pareille infâmie et un crime pareil, si on ne
les touchait en quelque sorte de la main, on se deman-
derait si, comme au sortir d'un rêve affreux, l'esprit
n'est pas encore troublé par les fantômes du cau-
chemar.

VIII.

On ne sait quel jour, on ne sait à quelle heure, on
ne sait comment, mais la vérité est que, du fond des
sentines parisiennes, est sortie toute une légion de ban-

dits, qui s'est abattue sur la ville, comme font les corbeaux sur les cadavres des champs de bataille.

Ces brigands de nouvelle espèce ont tout pris, à main armée, au grand étonnement, mais aussi à la grande lâcheté de la population honnête. On a pillé les caisses publiques, réquisitionné la Banque, brûlé les archives de la Préfecture de Police, pris possession des ministères, saccagé les églises, jeté dans la boue les vases sacrés, organisé des bataillons, livré des combats, créé un journal officiel; et tout cela s'appelle LA COMMUNE.

La Commune fusille des généraux, emprisonne des prêtres, l'archevêque de Paris, et mis la terreur à l'ordre du jour. Elle n'a pas encore dressé l'échafaud sur la place de la Révolution, mais elle y supplée par des fusillades.

Malédiction sur les hommes qui, au 4 septembre, ont déchaîné sur la France l'idée révolutionnaire!... Ils croyaient inaugurer leur république, et ils remuaient dans le cloaque infect, où l'avaient retenue captive les fortes institutions de l'Empire, toute la pourriture qui vient de monter à la surface!... Malédiction sur ces hommes qui ont appauvri, désarmé la nation par leur ineptie, qui ont livré Paris à ces communistes de carre-

four!... Leurs noms seront exécrés, leur mémoire sera
flétrie. Ils n'échapperont pas à cette double responsa-
bilité dans les vengeances de l'histoire.

IX.

Il ne faudrait pas comparer le Paris de 93 au Paris
de 1871. Ce serait flatter les vivants, et calomnier les
morts. Certes, la Convention était terrible; mais ces
gens-là obéissaient à une idée; ceux d'à présent n'écou-
tent que des appétits. La Terreur était un horrible, un
épouvantable système politique, dont l'échafaud était la
manifestation et l'instrument. Mais parmi les hommes
de 93, il ne s'en serait pas trouvé un seul, ni Danton,
ni Saint-Just, ni Robespierre, qni eût proclamé l'insurrection de la capitale contre le pays, de la *Commune*
contre l'Assemblée, des citoyens contre des citoyens, si
les armées de Brunswick, comme aujourd'hui les Prussiens de M. de Moltke, avaient tenu la ville sous le feu
d'une artillerie formidable.

c

La Convention faisait tomber des têtes, mais elle repoussait l'étranger.

La Commune de 1871 assassine dans les prisons des prêtres et des *suspects*, ceux qu'elle nomme des *réfractaires* et des *mouchards*, absolument comme faisaient les *travailleurs* de Maillard. Mais ce que n'eût pas fait Marat lui-même, elle livre des combats au portes de Paris à une armée française, lorsque l'ennemi est là riant et se réjouissant qu'il lui soit donné un prétexte de prolonger l'occupation et de bombarder la ville.

X.

On cherche dans les annales de ce pays, qu'un chroniqueur des premiers siècles appelait déjà *le Soldat de Dieu*, et, pour y puiser l'espoir du salut, on voudrait trouver l'exemple de pareils revers. L'histoire n'en offre pas.

La France est vaincue ; elle est impuissante. Il lui revient des soldats de la Suisse et de l'Allemagne, mais elle n'a plus d'armée. A-t-elle encore des citoyens ?... Plus de trésor public, plus de ressources ; bientôt, déjà peut-être plus de crédit. Paris plongé dans l'orgie révolutionnaire ; la moitié du territoire, les villes, les places fortes, aux mains de l'envahisseur. Et à ces Teutons, déjà gorgés, enrichis de nos dépouilles, il faudra tout abandonner, la fortune publique, les fortunes privées, le produit du travail et du sol, CINQ MILLIARDS, tout l'or de la France. CINQ MILLIARDS à payer en trois ans, c'est-à-dire la ruine organisée, comme l'étaient pendant la guerre l'incendie et le pillage!...

Le découragement et la peur ont envahi les âmes. L'anarchie est partout, dans la rue, dans l'Assemblée nationale, dans le gouvernement, dans les esprits.

Un homme, un nom, a surnagé comme par hasard au milieu de cette déroute des intelligences : M. Thiers. On l'a partout acclamé. Deux millions de suffrages l'ont investi de la dictature. Qu'a-t-il fait, et que veut-il ?... Son armée *de l'ordre*, comme il l'appelle, n'a pu refouler dans l'égoût cette poignée de misérables qui gouvernent Paris par la terreur, qui ont décrété l'insurrection et organisé la guerre civile, amnistié presque par leurs crimes les brigandages de l'ennemi, et qui, tout en donnant à l'Europe indignée le spectacle de leur scélératesse, forcent le gouvernement et l'Assemblée à lui donner le spectacle de leur impuissance.

M. Thiers a des ministres. Que sont-ils, et d'où viennent-ils ? Quelle pensée commnne les unit ? Nous voyons là les hommes du Quatre-Septembre, M. Jules Favre, M. Jules Simon, M. Picard, et tout à côté M. de Larcy, un pélerin de Belgrave-square, M. Dufaure, un ministre de la dynastie de Juillet.

M. Thiers s'intitule chef du pouvoir exécutif *de la République,* et il sait bien que les communistes l'ont tuée, et il gouverne avec une Assemblée monarchique. Quel chaos, et quelle dérision !...

Et l'Assemblée, quel est son mandat ? Est-elle constituante ?... Le pays qui l'a élue en vingt-quatre heures, sous la menace des baïonnettes prussiennes et pour obéir aux sommations insolentes de M. de Bismarck, lui a-t-il conféré le pouvoir de donner à la nation une forme politique, la République ou la Monarchie, l'Empire ou les Bourbons, le comte de Chambord ou le comte de Paris ?... Elle n'en sait rien ; elle n'ose rien. La voilà tremblante et muette devant l'insurrection de Belleville.

Entre les calamités de l'invasion et les défaillances

de l'Assemblée, entre les énergumènes de la Commune et les eunuques du pouvoir exécutif *de la République*, le pays s'affaisse. On dirait que la vie est suspendue. C'est l'énervement et l'atonie. Sera-ce la mort ?...

XI.

LA France peut mourir. Pourquoi le nier ? Elle peut mourir, comme l'Empire romain, emportée, noyée dans le torrent de l'invasion. Elle peut mourir sous le talon d'un caporal prussien, comme est morte la Pologne sous le bâton du Moscovite. Et si la nation ne se relève pas dans un subit effort, si quelque main hardie ne porte pas le fer dans la plaie, la prédiction de M. de Bismarck s'accomplira une fois encore. C'en est fait des races latines.

Ce n'est pas Sedan, comme on l'a prétendu, qui a poussé la France sur les bords du gouffre qui menace de l'engloutir. C'est la Révolution du 4 septembre. Le sang versé sur les champs de bataille est toujours fécond. Une armée prisonnière, une bataille perdue, sont des malheurs publics, des calamités nationales, des épreuves qu'il faut accepter avec résignation et qui parfois retrempent les âmes. Elles ne peuvent compromettre à tout jamais l'avenir d'un grand pays. Moscou fut la déroute, Waterloo la défaite. Après Moscou, après Waterloo même, la France resta debout. Ce qui perd les nations, c'est le trouble dans les idées, le désordre dans les intelligences.

Prenez la France au lendemain de ce premier grand revers. Voyez la France aujourd'hui.

Après Sedan, Strasbourg, Metz, Belfort, toutes les places fortes de la frontière résistaient à l'ennemi. Paris était libre. Il nous restait encore une armée de deux cent mille hommes, et les citoyens répondaient à l'appel suprême de la patrie. On pouvait, ou continuer la guerre, ou signer une paix honorable.

Mais quelques hommes sans valeur et sans patriotisme, héros attardés et poussifs de la Révolution de Février, jettent sur le Corps législatif cette foule immonde, qui plus tard organisera des bataillons d'insurgés. Ils renversent le gouvernement que la nation avait quatre fois acclamé par quatre millions de suffrages. Aussitôt, l'unité disparaît, et la décomposition commence. La nation est à la merci d'un dictateur insensé et de trois ministres ineptes ; et comme tout est prodigué sans intelligence et sans mesure, l'or du pays et son sang le plus pur, rien ne reste, après quatre mois de cette orgie fantastique et lugubre, que le deuil, la misère, l'anarchie. La France, désarmée, ruinée, démembrée, est là, somnolente et inerte, désirant presque que les soldats prussiens en finissent avec les misérables qui la déshonorent.

XII.

Qui sauvera la France, si la France peut être sauvée, et c'est notre ferme espoir, notre conviction inébranlable, et surtout notre désir le plus ardent ?... Qui la réveillera de sa torpeur ? Qui lui rendra la prospérité, la force, la foi dans ses destinées ?

Puis, car ce n'est là que la moitié de l'œuvre à accomplir, qui la relèvera de sa déchéance politique, et la replacera au rang qui lui appartient dans les conseils de l'Europe ?...

XIII.

Ce qu'il faut à la France avant tout, c'est l'ordre, non pas seulement l'ordre matériel dont M. Thiers parle si souvent au sein de l'Assemblée nationale, mais l'ordre moral, l'apaisement dans les âmes.

Cet ordre matériel et moral, on ne le trouvera que dans des institutions saines, vigoureuses, dans un pouvoir qui repose sur la volonté nationale, qui en soit l'expression la plus élevée. sans en être l'instrument docile et passager.

Il y a beaucoup de partis en France. Nous les avons vus tous à l'œuvre, les uns après les autres.

Il y a d'abord la République, qui existe de fait, s'il faut en croire M. Thiers. Cet homme d'Etat a dit un jour : "La République est le gouvernement qui nous divise le moins." Si M. Thiers était mis en demeure de se prononcer aujourd'hui, il retournerait l'axiome et reconnaîtrait que " La République est le gouvernement qui nous divise le plus."

La République, quelque organisation qu'on lui donne, quelques limites qu'on lui assigne, dans quelque cercle qu'on l'enferme, sera toujours grosse de socialisme, de communisme, d'agitations et de guerre civile.

La République est donc hors de cause aujourd'hui, et nous n'affirmerons pas que les hommes du Quatre-Septembre, aujourd'hui ministres de M. Thiers, que M. Jules Favre, M. Simon et M. Picard en désirent l'avénement définitif.

XIV.

La République écartée, reste la Monarchie. Et dans cet ordre d'idées, entrent tout naturellement: la Royauté de droit divin, avec M. le comte de Chambord, la Monarchie constitutionnelle, avec M. le comte de Paris, l'Empire.

XV.

Le *droit divin* n'est plus qu'un souvenir historique. La France n'y croit plus, et le comte de Chambord pas davantage.

Si M. le comte de Chambord entrait demain à Versailles, et disait à l'Assemblée nationale: " Je suis le descendant et l'héritier de saint Louis et de Louis XIV. Je reprends la couronne qui est tombée de la tête de Louis XVI. C'est mon droit, et c'est mon bien!" on regarderait en riant ce fantôme du passé, et M. le président Grévy le rappellerait à l'ordre.

Il est donc probable, il est même certain que M. le comte de Chambord, s'il remonte sur le trône de ses aïeux, acceptera la Charte de juillet 1830, et sera un monarque constitutionnel dans la plus large acception du mot.

XVI.

RIEN ne le sépare par conséquent, si ce n'est une révolution, maintenant tombée dans l'oubli, de ses cousins les princes d'Orléans.

En vertu de la loi d'hérédité monarchique, M. le comte de Paris est l'héritier naturel de M. le comte de Chambord. Il n'y a de l'un à l'autre qu'une question de situations personnelles. L'intérêt commun réunira cee deux branches un instant séparées, ces deux frères ennemis. Et déjà, dans les rangs des dynastiques circule le mot sacramentel : *La fusion est faite.*

Qu'arrivera-t-il dans cette hypothèse ?

La fusion, faite entre les prétendants, sera-t-elle faite dans les partis qn'ils représentent ? Hélas ! peu importe aujourd'hui à la France. Elle ne s'inquiète guère si ce mariage de raison, ou d'intérêt, recèle dans ses flancs quelques nouvelles Journées de Juillet.

XVII.

Pour nous, un fait capital domine toutes les combinaisons monarchiques.

Que M. le comte de Chambord arrive seul, ou escorté des princes d'Orléans ; que M. le comte de Paris recommence l'œuvre interrompue par la Révolution de Février, ou qu'il prenne tout simplement sa place dans le cortége du Roi Henri V, la conclusion sera toujours la même :   Une monarchie constitutionnelle.

Et n'allez pas croire qu'on permettra à Sa Majesté Henri V de ressusciter la Charte de 1814, au Roi Louis-Philippe II de remettre en vigueur la Charte de 1830 !... Les choses ne se passeront pas ainsi. Les vieux parlementaires d'autrefois, et ils sont en majorité, l'entendent tout autrement.   Ce qu'ils veulent, c'est une contrefaçon de la Monarchie anglaise, un Roi nominal, une assemblée souveraine, des ministres tout-puissants.   Ils refuseront au Monarque, quel qu'il soit, les prérogatives qui laissaient encore une part d'autorité au Roi Louis-Phillippe. Plus de pouvoir personnel! C'est le mot d'ordre des Monarchistes qui ne veulent pas rompre avec la Républiqne, des républicains qui acceptent la Monarchie. La formule de M. Thiers triomphera sans nul doute. Et M. Thiers veut un Roi qui *règne et ne gouverne pas*.

XVIII.

Question est de savoir :

D'abord, si la Constitution anglaise répond aux mœurs, aux habitudes, aux idées, aux traditions de la France.

Puis, dans la situation actuelle, si le gouvernement d'une assemblée, avec ses luttes parlementaires, son va-et-vient de portefeuilles, donne à cette pauvre nation malade les garanties nécessaires du rétablissement immédiat de l'ordre et de la paix intérieure.

Bien ignorants et presque insensés sont les hommes

qui veulent faire marcher de pair, dans les mêmes institutions politiques, l'Angleterre et la France.

La France est une nation démocratique; c'est la patrie de l'égalité. Elle a son génie; l'Angleterre a le sien, des mœurs politiques qui ne sont pas les nôtres, son histoire et pour ainsi dire sa nature constitution- nelles. Oh! certes, avec ce monarque toujours vénéré, cette aristocratie puissante, cette presse libre mais res- pectueuse, ce peuple esclave de la loi, qui peut bien à certaines heures se jeter dans les agitations tumul- tueuses du meeting, mais qui s'écarte toujours devant la baguette pacifique du policeman, le pouvoir peut passer sans péril d'une main, d'un parti à l'autre, et la théorie parlementaire tourner paisiblement sur son axe. Mais avons-nous l'aristocratie de l'Angleterre, nous qui avons proscrit toutes les distinctions sociales, et passé le niveau sur toutes les têtes? Sommes-nous le peuple de l'Angleterre, nous qui avons brisé en cin- quante ans trônes et républiques, et qui ne pouvons essayer une réforme sans courir à une révolution? Sommes-nous surtout la presse de l'Angleterre, nous qui avons poursuivi de nos railleries la majesté royale?...

Ce que veut la France d'ailleurs, maintenant, c'est

de vivre. Pour vivre, elle a besoin d'ordre ; et la monarchie constitutionnelle, ou parlementaire, telle qu'on la veut et qu'on la fera peut-être, n'a pas en elle assez de force, assez de vigueur. Elle n'a pas l'*autorité*.

XIX.

L'Empire seul a cette autorité.

Qu'on juge comme on le voudra le monarque dont l'Assemblée nationale a prononcé la déchéance, sans en avoir le droit, sans en avoir reçu le mandat, peu importe ! Laissons les hommes, ne voyons que le système.

L'Empire ne peut exister qu'à la condition d'être le produit immédiat et direct de la volonté nationale librement manifestée. Où trouver pour un gouvernement, quel qu'il soit, une origine qui lui donne autant d'autorité *morale ?*

L'Empire repose sur des institutions déterminées et précises. Pas de confusion entre les pouvoirs. Une large part est faite à la liberté des citoyens ; mais le chef du pouvoir exécutif, le monarque, l'Empereur est investi d'un pouvoir sérieux, indépendant des fluctuations et des caprices des assemblées parlementaires. Rien ne lui manque de ce qui peut maintenir l'ordre. Nous venons de traverser vingt années de calme et de prospérité, presque sans précédent. N'est-ce point là une preuve irréfragable, et comme le panégyrique le plus éloquent de l'Empire ?

L'Empire, c'est l'autorité *morale*, parce qu'il est la personnification la plus vraie, la plus pure, la plus éclatante de la souveraineté nationale. L'Empire est l'autorité *matérielle*, parce qu'il est la concentration dans une main de tous les pouvoirs qui peuvent opposer un frein aux passions révolutionnaires.

Ni la République, même avec un Président, ni la Monarchie, telle qu'on nous la prépare, ne peuvent rétablir, assurer ce calme intérieur qui est le premier besoin des nations, et qui doit être pour la France, livrée aux démagogues et à l'étranger, la réparation et le salut.

XX.

Admettons toutefois que, par un réveil imprévu, par ce principe de vitalité qui est en elle, par le sentiment même de la conservation, en dehors de l'Empire, avec la République, avec une Monarchie quelconque, la France retrouve son équilibre. L'ordre règne dans la rue.

Ne reste-t-il pas autre chose à faire ?

Quand la nation aura repris le calme, elle retrouvera l'indignation, la colère, le désir de la vengeance, d'une vengeance légitime !

La France a subi toutes les hontes et tous les désastres. Battue sur les champs de bataille, loyalement, comme à Waterloo, elle aurait peut-être pris son parti de la défaite. Mais on l'a ruinée, pillée, incendiée, foulée aux pieds des chevaux. Un vainqueur insolent et féroce a brûlé ses villes, il a outragé ses femmes, assassiné des vieillards. Ces souvenirs d'humiliation peuvent sommeiller au cœur de la nation, ils se réveil-

D

leront. Ces ruines, éternel témoignage, pousseront des cris de rage. Il y a la haine entre les races. La Prusse laissera derrière elle une de ces blessures vives et profondes qu'on ne cicatrise qu'avec le fer.

XXI.

Qui peut, qui doit donner à la France cette solennelle et terrible, et nécessaire réparation ? Qui lui rendra l'honneur ?...

Est-ce la République ? Est-ce la Monarchie ?

La République ? Mais les démocrates d'aujourd'hui se désintéressent de tout ce qui touche à la dignité nationale. Ils ont protesté, disent-ils, contre la guerre ; donc, ils n'en sont pas responsables. La guerre, pour eux, n'est qu'une question philosophique, et, à ce point de vue, toute guerre est un crime. Tous les peuples seront frères, le jour où ils auront supprimé les Rois. Et M. Rochefort a découvert un moyen fort simple d'en finir avec eux : le poison et l'assassinat.

La République ne ferait donc la guerre ni à l'Allemagne, ni à personne.

La Monarchie ne la fera pas davantage.

Certes, la Monarchie française a ses grandes traditions d'honneur et de bravoure chevaleresque; et ni le comte de Chambord, ni les princes d'Orléans ne refuseraient de tirer l'épée.   Mais le Roi futur, quel qu'il soit, n'aura pas le droit de faire la guerre.   Et les assemblées seront à l'avenir de nature très-pacifique.   Le règne de Louis-Philippe est là pour le démontrer. Combien n'a-t-on pas dévoré d'insultes, depuis le bombardement de Beyrouth jusqu'à l'indemnité Pritchard ?...

XXII.

Il n'y a que l'Empire qui puisse, le moment venu, venger la France des hontes de l'invasion.   Il le doit, parce qu'il est le vaincu, et aussi parce qu'il est la personnification involontaire et la plus élevée de l'honneur national et de la gloire militaire.

Noblesse oblige, a-t-on dit. Or, quand on porte sur son écusson les noms splendides de Marengo, d'Austerlitz et d'Iéna, on ne reste pas, impassible et dédaigneux, sur le désastre de Sedan.

XXIII.

Par une sorte d'intuition, et comme éclairé par une voix mystérieuse, nous entrevoyons dans les vagues et lointaines perspectives de l'avenir deux personnages, qui nous semblent prédestinés à quelque bataille homérique, dont le souvenir ne s'effacera jamais de la mémoire des hommes.

Nous voulons parler du Prince Impérial de France et du Prince Royal de Prusse.

Dans quelques années, celui-ci, par le cours naturel des choses, sera le roi de Prusse, et peut-être aussi l'Empereur d'Allemagne.

Celui-là n'est plus sur les marches du trône, mais on père s'appelle Napoléon III, et le chef de sa dynastie porte un de ces noms resplendissants qui vivent toujours dans le cœur des peuples et dans la légende des siècles. Ils reparaissent sans cesse plus radieux sous la plume des historiens et des poètes.

Pourquoi ces deux hommes ne se trouveraient-ils pas un jour face à face sur les bords du Rhin, ou sur quelque immense champ de bataille, l'un héritier de la victoire, l'autre vengeur de la défaite ?...

XXIV.

Prince ! vous êtes né sur la pourpre impériale, et vos premiers regards ont dû tomber sur les fleurons d'une couronne. Vous êtes aujourd'hui dans l'exil. Tant mieux ! Depuis cinquante ans, l'exil est comme le vestibule du palais des Rois. C'est une grande et bonne école. Ici, la pensée se concentre et s'élargit tout à la fois. Le regard devient plus ferme ; et si on ne voit pas de plus haut, on voit bien l'instabilité des grandeurs humaines, la valeur des hommes et la

portée des événements. On s'inspire mieux de ses
devoirs.

Nul ne pourrait vous dire ce que la Providence vous
réserve ; mais si Dieu vous donne jamais la haute et
difficile mission de gouverner la nation française,
n'oubliez pas les paroles mémorables que votre illustre
père, alors captif, fit retentir à l'oreille épouvantée de
ses juges : JE NE VOIS ICI QUE DES VAINQUEURS ET DES
VAINCUS DE WATERLOO ! . . .

Aux *vaincus* de Waterloo, à demi vengés à Sébastopol et à Solferino, il faut joindre les *vaincus* de Sedan.
Ces vaincus s'appellent la France, et, peut-être, un jour
cette France voudra remettre en vos mains l'épée
d'Austerlitz.

Préparez-vous au combat, préparez-vous au sacri-
fice ! Car la vengeance doit être terrible, et la victoire
si éclatante qu'elle efface tous les revers.

Lisez l'histoire de ce siècle ! Elle sera pour vous
féconde en enseignements. Votre nom en illumine les
premières pages. Quelle épopée magnifique d'Austerlitz à Waterloo ! C'est plus de génie que n'en renferma
jamais une tête humaine, plus de gloire que n'en rêva
l'imagination d'un mortel. Les mots que vous trouve-
rez écrits en lettres d'or seront répétés dans les âges.

Arrêtez-vous à Iéna!... Un jour, l'Empereur Napoléon prit corps à corps cet insolent Germain qu'enivrait le souvenir de son grand Frédéric. Le lendemain, la Prusse était à ses pieds, lui demandant grâce. Il pouvait serrer la main et l'étouffer. Il céda, hélas! aux prières de son ami, l'Empereur Alexandre. Quelques années après, Blücher descendait dans les plaines de Waterloo, et le roi Guillaume, il y a quelques jours à peine, recevait à Versailles, dans le palais de Louis XIV, les rois et les grands-ducs de l'Allemagne.

Après Iéna, qui fut la *Victoire*, après Waterloo et Sedan, qui sont la *Défaite*, il y a un quatrième nom encore inconnu, qui s'appellera la Vengeance nationale. C'est à vous de le graver un jour sur le marbre avec la pointe de l'épée.

www.ingramcontent.com/pod-product-compliance
Lightning Source LLC
Chambersburg PA
CBHW051324060726
47596CB00004B/1460